Nostalgia del cielo

COLECCIÓN PRÚA

© Ángeles Carbajal, 2025

© Logo de la colección: Mujer con paraguas, de Avelino Fierro.
© *Editorial Difácil, 2025*
editorial.difacil@gmail.com
www.difacil.com
ISBN: 978-84-10363-21-2
Depósito Legal: VA 557-2025

Consejo editorial de la *Colección Prúa*: José Luis Argüelles, José Carlos Díaz, César Iglesias, Pedro Luis Menéndez y Juan Muñiz.

Imprime: Imedisa

Impreso en España

ÁNGELES CARBAJAL

Nostalgia del cielo

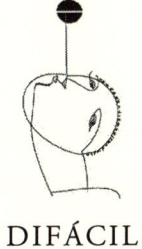

DIFÁCIL

Los hombres aman tanto la verdad que querrían que lo que aman fuera verdadero.

SAN AGUSTÍN

Una vez que hayas volado, siempre caminarás por la Tierra con la vista mirando al Cielo, porque ya has estado allí y siempre desearás volver.

LEONARDO DA VINCI

I

Donde puso el temblor la primer hoja.

LUIS ROSALES

TERNURA SIN SENTIDO

(A Francisco Umbral. In memoriam)

Una vez metí una flor en un libro y esto le gustó mucho a la niña.
De pronto había comprendido para qué servían los libros.

FRANCISCO UMBRAL

Nada puedo esperar,
ni del cielo, ni de la muerte, ni de Dios.
Solos quedamos mi amor y yo
haciendo *ramos un poco incoherentes,*
gavillas de ternura sin sentido.
¿Para qué serviría la vida
si no pudiéramos meterla en un libro?

LA CASA DEL PADRE

Podíamos correr sin miedo a nada
porque éramos niños y todavía teníamos padre.
Las bicicletas volaban con nosotros
y cortábamos el viento.
Lejos era un lugar maravilloso
del que siempre se volvía.
Desde más lejos que nadie,
cada mañana regresaba a casa el sol;
mi padre le abría la puerta y él entraba.

.

TU CALOR

Las noches crecen como largas avenidas.
Río de espejos, el frío crece brillante y mudo.
Te compré, en un invierno como éste, una bufanda,
la que esta noche llevo yo. Madre, soy yo
quien ahora lleva tu calor, y sopla el viento.
Cuando un gesto pierde su costumbre se queda
como el esqueleto seco de un pájaro ligero.
Inviernos, pájaros, gestos que se alejan
como estelas de un planeta
que da igual que haya o no existido.
Un minuto antes era invierno en Ohío.

SI TODO FUERA DICHO

En todo lo que parecía eterno se hizo tarde,
y no da la vida para contarla.
Cuando era niña, mi familia se reunía a menudo
en fiestas y en labores de labranza,
que entre todos se hacían más rápido y con más contento.
Recuerdo aquella alegría, y las risas,
pero también, en medio de la conversación,
del rosario de anécdotas que identifican a una estirpe,
veo la avergonzada melancolía que a hurtadillas
se filtraba en la mirada pequeña y frágil de los viejos.
Si todo fuera dicho, ¿qué ocurriría? ¿La paz? ¿La muerte?
Dóciles despedidas sin despedida.
De hoy en un año si Dios quiere, decían.

HECHIZO

Temía, en la sigilosa noche,
dibujar sobre la filigrana de hielo,
tocar la bella geometría cuajada de minucias,
transida de frío y de silencio.
Pero dibujé, y rápido sobre el cristal
resbalaron venas de agua al roce de mis dedos.
Algo grave ocurrió entonces, aunque a nadie le importara.
Rompí el hechizo y descubrí mi poder, tan peligroso,
y la insalvable fragilidad de la belleza.

EL REINO MISTERIOSO

Siempre estuvo cancelada la verja, y la casa,
con raíces de soledad y olvido, emboscada en su nostalgia,
continúa viviendo en un tiempo fuera del tiempo
al que nadie regresa.
Pero un día hubo en el que un desconocido, el dueño tal vez,
vio a la niña que miraba y la invitó a entrar.
Entre hileras de rosales y crisantemos rojos
caminamos hasta la puerta.
La llave sonó como yo creía entonces que sonaban
los metales viejos.
Recorrimos, espiga dorada, el largo pasillo.
En las paredes suaves como pétalos gastados,
no sé si rocé o soñé la piel del tiempo.
Cuando el desconocido, impecable y azul, señaló a lo alto,
un revuelo de aire y la algarabía de mil pájaros
se levantaron de los árboles en tropel
acribillando la mañana.
Desde el mirador los vimos desaparecer.
Incrustada en el reino misterioso de la imaginación
permanece aquella luz.
Cronos dormido en un rayo de seda.

LAS COSAS

Pasan los días y quedan las cosas.
Hasta la cosa más inútil es un lujo,
una secreta oración de permanencia.
Reales, tangibles, dan fe de nuestra historia.
Mi obstinación en ser se romperá
en el azar más ordenado y cierto,
y las cosas, ancladas en su insensible existir,
reflejarán los destellos de mi fragilidad.
Un día no seré y ajenas a mi loco amor
abandonadas quedarán las cosas.
Guardo y me guardo en los enseres;
la casa del ser está llena de trastos.

LA ENREDADERA DE LA ESTACIÓN

Aquella apretujada enredadera llena de gorriones
era de todos y nadie la cuidaba.
Huérfana agarrada a la pared, verde y oscura casi todo el año,
salvaje, plantada al norte, cara al frío,
¿oía los trenes pasar?
(Los trenes y sus negros vagones perforando la niebla invernal,
atravesando la escena de cine mudo de la noche.
Los trenes y sus vagones de sol deteniéndose a los pies de los viejos
que adormecidos en los bancos esperaban la hora de volver a casa,
no ya la de viajar.)
Verde y oscura casi todo el año, estallaba en verano
con un rojo abrasador deslumbrando a la gente apresurada
que con ropa ligera y súbito alborozo
salpicaba de colores los andenes.
Era cosa del verano aquel fragor,
aquel olor a mar, a Nivea y a helado de vainilla.
Pronto aparecía octubre, clausurando todos los sueños de lejanías,
y sus flores y los días comenzaban a agolparse en los rincones
en los que nunca daba el sol.

UNA VUELTA POR MI CÁRCEL

De regreso a casa me gusta oír mis propios pasos
sobre los viejos suelos de madera.
He dado una vuelta por mi cárcel.
Cae hoy una lluvia atolondrada que deja
salir el sol de cuando en cuando.
Detrás de la ventana,
pinceladas de oro se deslizan y el cielo
se abre una vez más sobre los prados.
Polvo y sol meditan bajo las vigas del granero
sin que nada rompa su antigua fascinación ensimismada.
He dado una vuelta por mi cárcel y comprendo
por qué quise tanto estas cuatro altísimas paredes,
por qué las quiero; veo lo que visteis y aquí estamos,
con la hierba de todos los veranos,
con las protestas y el trabajo,
con mi lentitud y vuestras prisas.
Soy una sombra que se demora.
Sois un eco que aún me llama.

LA MIRADA DE LAS MIL YARDAS

Blanco mármol, la mesa de la cocina
como la superficie plana
de los hielos de Groenlandia.
Desmantelado el mundo que me dio la vida,
en el fondo de mis ojos habita ya
la mirada de las mil yardas.

ALGO QUE NO SÉ

Tengo cinco años.
Veo cómo se desliza una hoja en la corriente,
y la miro hasta que desaparece entre los juncos.
Tras ella va el latido de mi corazón.
No quiero la manzana que me ofrecen.
No me gusta comer manzanas.
Mis ojos se cierran cuando miro de frente
las flechas de luz que lanza el sol.

Tengo sesenta años.
He vivido, con implacable amor desesperado,
auscultando los adioses de los días,
cogiendo manzanas y haciéndolas girar ante mis ojos.
Voy camino de los juncos y el sol
reverbera como siempre entre las aguas.
Quisiera decirle algo a la niña que me mira,
algo que no sé.

EL LUGAR

El otoño hace siempre las maletas con cuidado y ceremonia,
poco a poco va guardando en ellas todo lo que encuentra a su paso,
y de repente, nunca se sabe ni el día ni la hora, desaparece,
viajero pelirrojo y azul con una descolorida chaqueta
cubriéndole la espalda.
De pequeña, yo creía que se iba a alguna parte,
que en algún lugar era esperado y que todo lo que se llevaba
lo guardaba allí, en aquel lugar maravilloso, para siempre,
y para que un día fuéramos a buscarlo.
Cuando me llega el olor de una invisible hoguera,
cuando las hojas de los álamos empiezan a inquietarse,
cuando el último calor respira entre la hierba,
echo mucho de menos el lugar aquel al que se iba
y del que sólo conozco su regreso.

LA SOLEDAD

Hablo con los muertos mejor que con los vivos.
A los vivos no les gusta que se les hable de los muertos.
Entre los vivos y los muertos vivo yo: la soledad.

AL CIELO

Cansado está mi corazón de agitarse para nada,
dispuesto a descansar al fin sin esperanza.
Por los prados de alta hierba mi niñez corre como el viento,
y llego, al fin, exhausta, casi sin aliento, al cielo.

CON LA LUNA PARA SIEMPRE

Nuestros días salían por una puerta y entraban por otra,
eran niños que jugaban y nunca envejecían.
Por un sendero de polvo adormecido,
en mi libro de Historia Sagrada un burro pequeño
con rojas alforjas un poco raídas
caminaba con dulce paciencia;
muy cerca y eternamente lejano estaba Jericó.
Al otro lado del mundo los chinos tallaban el jade.
En las *Leyendas* de Bécquer crepitaban las nieves del Moncayo.
Y yo admiraba la desmesura de la noche
mientras vigilaba el camino hasta que todos
regresaban a casa.
¿Qué será de nosotros? No lo sé.
Quizá salgamos a caminar con la luna para siempre.

II

Una mujer me lava las manos, ¡ojalá no se sequen nunca!
CARLOS EDMUNDO DE ORY

INVULNERABLE

Espera, dijo, cerrándome los ojos,
y me abrazó muy fuerte y me retuvo
respirando entre su pelo.
Después vi a un hombre que gruñía al alejarse.
Una vez me sentí invulnerable.
Fue en una ráfaga de amor.
Ya pueden gruñir los hombres y las hienas,
dejaste de cuidarme, me deshace el aire.

DULCE PÁJARO DE JUVENTUD

Nos mirábamos entonces,
deliciosa, sediciosa lentitud,
como se mira la lluvia en los cristales.
En las tardes de camelias de arcoíris y de libros,
era hermosa la ciudad blanca y marina.
Pero al final de una tarde,
en un bloque de viviendas renegrido,
estaba ella.
(Detrás de ventanas tenebrosas
hay mujeres fantasmales acechando,
esfinges mudas poseídas
por un desapego aciago y absoluto.)
Y nos miró
como si fuéramos estrafalarios seres detestables,
gente loca que sale a pasear,
a vivir, como si la vida fuera buena.

MAR

De los monstruos marinos conocíamos historias
que nada parecían tener que ver con nuestra vida.
Salíamos al caer la tarde al mar
y era alta ya la noche que nos veía regresar,
la luna que nos rendía en el sueño.
Cada ola dejó entonces sobre la arena,
sin que apenas nos diéramos cuenta
—ser felices no dependía ni de ti ni de mí;
era lo que ocurría entre tú y yo—,
su solitaria elegía y nuestro futuro por vivir.
Tus manos, bajo un cielo de apocalíptica belleza,
y la voz ronca del mar, eso tuve.
Surcando aquel pasado, tengo ahora versos,
reptiles de luz que algunas veces se zambullen
como buzos en su fría profundidad
y sacan a la superficie monstruos,
destellos y preguntas sin respuesta.
Hablan ahora entre ellas las voces roncas del mar
en una lengua extraña que no entiendo,
que tal vez nunca entendí,
como si nuca hubiéramos existido.
Envueltos en una mortaja de niebla
recuerdo los ojos del amor.

LA ETERNA JUVENTUD

Creció la eterna juventud, se fue, no salgas a buscarla.
Recuerdas su cara de estrella cuando en la noche miraba
las altas cumbres nevadas, cuando caminaba descalza,
cuando su cuerpo, jardín de las delicias, era tu cuerpo.
Mordió la manzana prohibida. Guardó su secreto.
Cumplió su condena. Creció.
Nunca, aunque bebiera siempre, se apagó su sed.
Creció la eterna juventud y se la llevó la corriente
igual que la hoja que tú tiras al pasar
como si desde una lejana galaxia alguien tirara una estrella.

EL COLUMPIO

Sabíamos lo que quedaba de verano
pero no lo que iba a durar nuestra juventud.
Durante muchos años nada avisó y volvían
los cielos de Montana a la canción de John Denver
y las golondrinas al portal.
Una tarde advertimos un aire extraño entre las ramas del fresno.
A nadie vimos, no había nadie, pero alguien
acababa de saltar y el columpio se balanceaba solo
como un péndulo a punto de pararse.
¿Quién se había ido? A nadie vimos.
Y fue el último verano de nuestra juventud.

UN TIEMPO FELIZ

Te parecías a las lunas de Júpiter. Vivías
como un satélite orbitando una dicha inalcanzable.
¿Por qué quisiste hacerme responsable de tu felicidad,
rehén por tanto de tu desdicha?
Era fácil para mí ser feliz,
yo sólo necesitaba ir, estar, contigo en cualquier sitio,
el pelo y la vida al viento.
Amé tu alegría. Es muy fácil amar la alegría.
Pero cuando te revolvías rara y ácida
también la cuidé, te cuidé, tuve fe y esperé.
Te prometías y me prometías,
perdida como una brújula rota, un tiempo feliz.
No sé qué fue de tu alegría.
Se ahogó en tu larga cadena de incertidumbres
cada vez más amargas.
Mientras me prometías y te prometías un tiempo feliz.

ROMPER UNA CARTA

Un día ya lejano envié en una carta mi vida.
Y la carta volvió, pasado el tiempo y lo que tuvo que pasar,
entre papeles y libros en un camión enorme de mudanzas.
Sentí un leve mareo al tocarla.
Se estremeció lo que hay en mí de papel seco.
La rompí y fue
como hacer explotar una nube vacía,
comprender de pronto lo que es la nada
con sólo romper una carta.

SWEET

Camino sin rumbo por calles que no conozco.
Un instituto. (Del instituto salías tú con el pelo rojo de henna
y la mochila naranja de la profe insólita que eras.)
En la esquina está aparcada la furgoneta hippie que quisimos tener.
(Arranca, vamos, oigo que me dices con tu avidez inveterada.)
Y en mitad de esta acera, aunque no esté muy segura de que esta acera
    exista,
me miro como a un pañuelo roto que el viento dejó caer.
Nadie solicita ya mi urgencia. Pero el azar
se obstina y emite claros signos que nada significan.
Los dispara a bocajarro sobre tu muerte y mi vida.
Camino sin rumbo por calles que no conozco
y contra mis ojos se estrella una bengala; una pequeña librería
que se llama Sweet. Precisamente Sweet.
Y pienso que tú, tan poco proclive a la nostalgia,
tan ajena al símbolo y a la alegoría,
te burlarías de estas tontas coincidencias.
¿O acaso no huías de la nostalgia, del símbolo, de la alegoría,
como de todo lo que da tristeza y no tiene remedio?
(Vamos, peque, oigo que me dices, tenemos que aprovechar
lo que queda de la tarde, déjate de tonterías.)
Pero ya no puedo obedecerte,
y sin que nunca te perdone del todo las ausencias,

ni ciertos gestos que nunca pude, o quise, comprender,
pese a que hace muchos años que te has muerto,
y que ya es demasiado tarde, y que todo da lo mismo,
sigo hablando contigo.
Sabe amarga esta miel que baña la memoria,
este saber que ya conozco todas las calles que no conozco,
que tal vez nunca vuelva a encontrar calles inocentes,
dispuestas a nacer, desnudas de recuerdos,
calles en las que tu dulzura no vuelva siempre
a reclamar lo que fue suyo.
Porque la dulzura se estremece más allá del tiempo y de la muerte.
Porque de la dulzura, como de la muerte, ningún vivo sale indemne.

LAS MANZANAS

Se caen con un rápido rasguño vertical las manzanas.
Rojas y redondas en la rama, se mueren poco a poco
entre la hierba aún verde de los prados.
¡Hay tantas manzanas!
Y nadie las recoge porque apenas valen nada.
Y no les es dado rezagarse a las manzanas.
Tus pies han caído, y sin saber adónde van
aún andan descalzos por mi alma,
herbazal agreste que no tiene caminos,
sólo el eco de unos pasos.
Igual que caen las manzanas,
a mis espaldas, a plomo y sordamente,
oigo caer mi corazón.

A SU DEBIDO TIEMPO

Me siento joven en las librerías de viejo,
y recuerdo que me gustaba sentirme vieja cuando era joven,
cuando tu cuerpo era realidad primaria y encantada
y me tirabas de la mano obligándome a pasar de largo
de cuanta librería encontrábamos
«por no perder en ella la tarde».
Las tardes perdidas se refugian en los libros.
Todo lo que en el mundo existe termina en un libro.
Todo lo que no existe también.
Tú lo intuías y no querías saberlo.
Decías que te gustaban mis poemas,
pero no te interesaban los poemas.
Eras de piel no de palabras
y con recelo tratabas de evitarlas,
para ti estaban muy bien archivadas
en viejas librerías de viejo donde sólo había viejos
y a las que ya tendríamos ocasión de entrar
«a su debido tiempo»,
que tal vez fuera
«nunca, con un poco de suerte».
Sé que también hoy me dirías que haría bien
en pasar de largo, en seguir tu ejemplo,
en no admitir jamás que ha llegado el tiempo.

NO SÉ NADAR

Camino hasta la playa,
hasta la gruta marina a la que llega el viento
como el eco a través de una ventana
que alguien cerró y nadie recuerda.
La sal en las manos y en los labios.
Letanía de salmos
de una vieja religión abandonada,
las olas regresando,
fría espuma en los tobillos.
Y de pronto, te quitas el vestido
y otra vez corres contra el viento
y saltas de frente la primera ola.
Miras hacia atrás. Sonríes.
Vuelves a buscarme.
De tu mano, me llevas mar adentro.
No sé nadar y no tengo miedo.

TIEMPO VERBAL

Hablaremos en otro lugar,
en otro momento, decías.
Y me apartabas el pelo de la frente
como quien ayuda a pasar
las nubes por el cielo.
Dejé aquel momento entre tus brazos,
como un gerundio, acariciando,
y ya es eternidad.

III

¿De qué vive?
—De la vida —contesté.
Él me miró y dijo:
—¡Vaya! ¿Y se puede vivir de eso?
HEINRICH BÖLL

EL ÁNGEL INDECISO

Fui un ángel indeciso
que no sabía que era ángel
y que en todo lugar era extranjero.
Fui también Ícaro una vez,
y ésta fue mi mayor suerte;
caer con ascuas en las alas
y encender mi propio cielo.

ECO

Bajo la luna, tan lejana, tan sola,

me miré en el río de los ríos y pedí un deseo; soy su eco.

Desde mi más íntima indigencia, mi vida es nada, casi nada.

Vagan los sueños por los sueños,

que son otras perspectivas de la vida incompleta, fallida, atropellada.

Me hubiera cansado de respirar de no haber respirado por ti.

Tú, vínculo que nace de la grieta.

Tú, que ya no eres nadie, eres todo,

el código lingüístico por el que conozco mi alma, nada.

Todo lo que sobraría con tan sólo abrazarte.

Niebla del amor, patria de mis sueños,

sé lo que eres: todo lo que robaste a la que soy.

MI VIDA

No fumé. No bebí. Sólo acometí riesgos de alto riesgo:
amar sin ser amada, ser feliz sin razón, vivir para nada.
Disimulé, avergonzada, mi decepción.
Comí en silencio mi dolor.

Mi vida.

Par délicatesse
la toqué
con tal cuidado
por el tallo
entre

espina
y
espina.

Por delicadeza,
no perdí mi vida.

OJOS DE AGUA

Las mañanas eran góticas y azules
leyendo a la sombra del viejo farallón,
mascarón de proa cara al mar,
y mis manos olían a papel.
Mis manos huelen a papel.
Las frescas mañanas me despiertan:
flores, colonia, aire, libros y canciones;
¡son los mismos, son las mismas!
Soberbio, el viejo farallón vigila el mar,
y del otro lado de las montañas, a su espalda,
aún adivino las náyades de antaño,
aquellos ojos de agua.
Bebo sorbo a sorbo mi caudal de melancolía.
Subo, sin cuerpo apenas, por la escala del aire fugitivo.
Veo pasar cielos y la larga mecha de luz
que el sol enciende sobre los prados solitarios.
Aquí está, me digo,
el presente deshabitando
el tiempo que nos habitó.

VIVOS PARA SIEMPRE

Con la desalentada vehemencia de no saber cómo vivir,
echábamos a perder, y lo sabíamos, nuestra vida.
Con los ojos ávidos y desgarrados
de quien todo lo comprende y nada puede cambiar,
mirábamos al futuro, inconcreto y abismal,
a hurtadillas y con miedo.
Despacio leíamos. Despacio subíamos al monte
bajo el destello soleado de las hayas, y bajábamos despacio
con la dulzura otoñal de la tarde como premonición
que parecía ya un recuerdo.
Poseídos por una íntima y dolorosa felicidad,
tímidos, subterráneos, fugitivos,
en la belleza ebria de los bosques,
cuando se hallaba el mundo a punto
de que el prodigio sucediese,
hubiera sido fácil para nosotros morir
—vivos para siempre en la gloriosa alucinación
del instante eterno—.
En la belleza ebria de los bosques
la lluvia es la rama y la rama el viento.

AUTOPISTA

Sólo los lugares de paso no pasan,
atemporal permanece la autopista en su incólume esbeltez horizontal
con su piel tersa de asfalto reluciente permanece
cortando la vieja llanura de terracota requemada y nuestra vida.
La autopista, pura metafísica, puente de plata ¿a qué otra vida?
De reseca purpurina la estampa de la ciudad ya quedó atrás.
Titubea la lluvia en el cristal en un ligero desvarío de la tarde calurosa.
A lo lejos, en medio de los campos, camina un hombre anciano y solo
que bien pudiera no ser otro que mi propio pensamiento.
La tarde se nos va salvando de la tormenta, moradas nubes,
mensajeras de inusitada belleza, recorren el cielo.
Como lejanos antepasados de nosotros mismos
hablamos sin apenas entender lo que decimos, y no importa;
al fin y al cabo la lluvia es dulce, la tierra es suave
y para nuestro frágil corazón no hay nada nuevo.

DESPUÉS DE LA TORMENTA

La carretera brilla, negra cinta,
cruza los campos como esponjas empapadas de luz.
Ya todo se ha ido al diablo y dejo de pensar para ver,
desnudo en su escalofrío, este rayo de sol
con forma de súbita flecha cuando despide la tormenta.
Quiero vivir para ver llover como llovía,
como llueve, con tibia paciencia.
Los fresnos desperezan sus ramas rebosantes
y el agua cae ligera y alegre.
Un caracol huele el musgo y reanuda su marcha.
Abro la puerta, la casa es una fruta madura
con el corazón aún frío.
Abro las ventanas, el sol comienza a deslizarse,
esparce aquí y allá rubias semillas.
La tarde brilla, el frío brilla, y yo
defiendo mi vida con mi pequeña garra
de amor superviviente.

UNA VEZ MÁS

Arde el verano.
A orillas del atardecer se alarga el sendero
que en curvas blancas lleva al mar.
Pasa un jinete crepuscular; el sueño de mi juventud.

Arde el otoño.
A orillas del atardecer los árboles se estremecen
con el viejo viento que acaba de volver una vez más.
El jinete se aleja, y su sombra se confunde
entre la tierra y el cielo.

Arde el invierno.
A orillas del atardecer llueve sobre el ruinoso campanario
arañado por el cierzo, tocan en él por mí unas campanas
que han dejado de tocar hace ya siglos.
Pasa por allí un jinete rompiendo la niebla
y llega a este verso.

En Groenlandia un viejo cazador de osos
escribirá a sus hijos:
Venid cuando el hielo se deshaga,
volveremos a navegar entre las aguas.

PESADILLAS

Aguas turbias que inundáis la tierra.
Amigos, familiares míos,
que en los sótanos sórdidos de las pesadillas
os revolvéis contra mí con agrio desamor,
sin que yo sepa la razón, sin que yo lo entienda.
Y tú, escultura de hielo que caminas
como una aparición por una ciudad congelada como tú
—cuando me acerco ni me ves ni me sientes,
y te miro con asombro y temor—.
Para ti, que tampoco desde la muerte me dirás
lo que nunca pude saber desde la vida,
afilo yo pocas preguntas, pero mortales.
¿Os acordáis de la alegría?
Ciegos cabalgáis infatigables
por parajes yertos en los que nunca amanece.
¿Os acordáis de la alegría?
¿Por qué no me queréis?

PADRE FUTURO

¡El futuro, la más lóbrega de las perspectivas, si no la más tediosa!
EVELYN WAUGH

¡El futuro era tan viejo!
Él y el mundo eran dos casos perdidos.
Preguntarle con cierta mirada inquisitiva
era como pegarle a un inocente.
Aunque nos hiciera la vida imposible
y nos perdiera el equipaje
y nos obligara a madrugar más de la cuenta
para llegar antes de tiempo a ningún sitio,
le dejábamos reñir y se nos caía el alma a los pies
cuando le veíamos renqueante
con todo nuestro pasado,
que ya era largo y pesado, a sus espaldas.
Cómo llevarle la contraria
a ese insoportable chantajista
que desde la altura de sus otros años
no esperaba ya nada de nosotros
y nos miraba con los ojos tan cansados
como los del más abnegado de los padres.

54

LAS JUGADORAS DE BILLAR

Mis fuertes, bellas y maduras muniquesas jugaban bien.
En la penumbra de la sala de billar, chasquidos sobre terciopelo,
los cuerpos alargándose sobre la mesa y la mirada al frente.
Ante mí interpretaban su poderosa, irresistible seducción.
Adoré su manera de limpiar el taco suavemente,
y la sonrisa divertida y tierna con la que comenzaron
en mi honor a dejar las manos cada una en la cintura de la otra.
Supieron de inmediato que yo les suplicaba sin saberlo.
No dije nada. Fui feliz entre sus cuerpos.
Fue gozoso sentirme algo así como pan para sus bocas.
No dije nada. No supe entonces dar las gracias.
Me bautizaron en mi sueño, me mordieron dulcemente.
Fueron generosas y valientes las buenas samaritanas de mi sed.

LOS DÍAS SIN HISTORIA

También los días sin historia tienen inexploradas aventuras,
también ellos son calladamente bendecidos
por la gloriosa irrealidad de la alborada,
pero en su humildad se escabullen como triste legión
de muertos, y penden del inerte hilo del olvido,
mientras la tejedora infatigable tira del ovillo.
Los días sin historia reciben,
en el abandonado almacén de la memoria,
recóndito y oscuro templo donde duermen
como santos desconocidos,
la última oración de quien sabe que con ellos se fue,
más que con ningún otro día, su vida entera.

ENCENDIENDO LUCES

Cuando vuelvo tarde a casa,
me doy el gusto de ir encendiendo luces de habitación en habitación
y en mitad del cielo nocturno las dejo todas encendidas,
y pienso en cuanto amé,
en aquello en lo que puse toda mi desesperación y toda mi esperanza.
Mi vida se parece a mi casa; tiene viejas ventanas
que dejan entrar el frío, la noche, el cielo,
y yo le voy encendiendo luces sin saber por qué.

CUANDO FLORECEN LOS SAN JUANES

Silvestres, ágiles, cándidamente soberbios,
jugábamos.
Éramos nosotros y era junio.
Calados por la lluvia nuestros cuerpos se juntan,
se separan, se persiguen,
dibujan espirales y quiebran en cada charco
el cielo en mil pedazos.
Fue verdad tanta belleza y extrañamente fiel
pues vuelve en este feedback aséptico y perfecto.
Se evaporó el agua de los charcos.
Me sabe a aligustre la sed
cuando florecen los san juanes.

ACUARELA

Sobre el fondo mineral del estanque
va pintando la noche una acuarela sombría
y un último reflejo del atardecer
diluye lo que muere en el fondo de la retina.
En la paz sin nadie del estanque
la espesura de la noche extiende
un manto de quietud ensimismada.
Mi mirada, una desgarradura
en el telón roto del tiempo,
se llena de piedad y de tristeza.
Es lo que queda
de la aceptación inerme de los días.

MI MÁS RARA ILUSIÓN

Los años se están haciendo mayores
y el tiempo, serpiente sinuosa, se arrastra y silba quedo,
y recuerdo la torrentera luminosa de la infancia
—cuando la lluvia era casa, cuando la noche era casa, cuando el cielo
era casa,
y la llamada de los mundos tronaba dentro del corazón—.
Smetana, Schuman, Sati, llueve, y el reloj de la lluvia me recuerda
que ya está fuera de mí lo que de mí ha de quedar,
que siempre lo estuvo, que soy mi más rara ilusión.

SÓLO UN VERANO

El verano es un cáliz de sol que vemos alzarse en la distancia.
Niños, asombrados mirando la escarpada grandeza del viejo farallón,
amábamos el verano.
Jóvenes, vapuleados como banderas apátridas al viento,
amábamos el verano.
Pasó el tiempo y descubrimos
que en nuestra vida sólo existe un verano,
el que se alza en la distancia aunque esté de nuevo aquí,
junto al viejo farallón, mascarón de proa cara al mar.
Viejos, bebiendo sorbo a sorbo nuestro caudal de melancolía,
amamos como siempre la ascensión de la hermosura
por la escala de la luz inalcanzable.

CLAUSTRO

Los monjes cantan en oración
como si contaran sus pasos.
Sobre las piedras ardientes
están escritas desde hace siglos
las palabras frías de la muerte y de la vida.
La contradicción del universo cabe
en este pequeño escenario alucinado,
sobre la piedra, como si fuera de pergamino
deja el sol *scripto todo en oro muy fino.*

LIBERTAD

Caí en la trampa de comprar un plano, una brújula, unas botas.
Marco el territorio con inseguros signos y acostumbro a caminar
como quien sabe a dónde va, aunque lo cierto
es que a cada paso se extiende ante mí la incierta nebulosa.
Pierdo una y otra vez el norte y acabo una y otra vez
en el cercado del que quise y acaso ya no quiera huir.
Las palabras que necesité llegaron tarde y no encontraron
a quien durante tanto tiempo, abandono y soledad, las esperó.
Un desorden, que quisiera poético y es azar,
tira de las bridas de mi vida como un inútil sueño de libertad.

EN EL CIELO DE LA TARDE SIEMPRE ES TARDE

En el cielo de la tarde siempre es tarde
y parece que, igual que yo, inútilmente todo espere.
Las nubes pasan como enormes burbujas de silencio,
una mancha de ceniza flota apenas mientras el viento la deshace,
sobre los campos ondulados un eco en la lejanía me reconoce,
y la costumbre de escuchar a Monteverdi en otoño me lo recuerda;
entre animal y ángel, mi corazón no se acostumbra
a desear y a renunciar.

DIOS TE SALVE

Vivirás con gratitud la hora que esperabas y ya no esperas.

HORACIO

El umbral del ahora. El antes y el después. El siempre y el nunca.
El hacerse y deshacerse hipnótico del mundo.
Lo lejano inalcanzable. Lo intocable al alcance de la mano.
El azúcar rojo que aún resbala por mi cuerpo.
La paz extraña que acuna mi pequeño mundo
bajo los últimos celajes de la tarde.
Dios te salve, hora que no espero,
de la venganza de la hora que esperé y ya no espero.

65

UN DÍA LLEGARÉ

Trepar por el escabroso sendero de montaña,
más lejos aún, ir más lejos, hacia la blancura evanescente
que anuncia el próximo claro del bosque,
seguir los últimos descubrimientos del Hubble y del CERN,
sentir el sol y su doliente belleza hundiéndose en mis ojos,
un día llegaré; soy ese ocaso.

ALBIZIA JULIBRISSIN

La Albizia julibrissin nació en Prócida
y en Argüelles recibió todo tipo de cuidados
que no la complacieron.
Renacía un poco cada primavera,
esos débiles renacimientos que duelen tanto
porque son sin esperanza,
una ilusión que se agostaba ya en agosto.
Pensé que la salvaba negándome a arrancarla,
pero hoy sé que soy su azar,
no la dueña de su vida,
y que necesita otros azares
acaso menos ignorantes y menos cuidadosos.
Ha de salir de mi huerta,
quizá prefiera cualquier matorral salvaje.
¿Una última esperanza?
La dejaré donde no sea ella la elegida
sino ella la que elige,
para que cierre o abra los ojos
en su sola incandescencia.
Ella, que tampoco tiene dioses
y que también crece y cree
en el aire.

CADA VERANO

Sin recelo, sin hacer mudanza en su costumbre,
la buganvilla escala la blanca pared
y cubre de profundo verdor y flores fucsia
la recia muralla de mi juventud y de los años.
La que fui y la que soy, cada verano, al volverla a ver,
se miran extrañadas como quien mira un recuerdo.

TODO HA TERMINADO

Toda una vida esperando este día.
Sísifo consiguió dejar en la cumbre su piedra.
Sin ese peso y con el deber cumplido,
se siente ligero como nunca, libre al fin.
Ha triunfado y toda su vida
se justifica y descansa en ese triunfo.
Ha dejado de sentir pena de sí mismo.
Con profunda paz, triste y desposeído
sabe ahora que todo ha terminado.

ÉSTA ES MI VIDA

Oh, tú, la clara incorruptible infancia
a la que elevo esta plegaria por los niños que crecieron,
enciende tu linterna mágica esta noche
y que al alba, con los pies desnudos,
crucemos otra vez el mismo río
y volvamos a ver lo nunca visto.

Oh, tú, la hambrienta, misteriosa juventud,
monólogo, acantilado, Chopin, noches de lavanda, huertos nevados en
Hontfleur, matemática del fracaso, moderato melancólico entre el
siempre y el nunca, rayo agrio sobre aguas quietas, aguijón del tú,
aguaceros de abril,
tendremos una casa de lluvia, amor y fuego.

Pudo ser en París. Pudo ser en Madrid. Pudo ser en la acera más soleada
de Aix-en-Provence.
Pudo ser el cuerpo en vilo tan lleno de alma que no pudo ser.

Oh, tú, tornasol del tiempo, transeúnte
que apareces de improviso por la calle tan mojado
como si te acabara de llover la vida entera.
Oh, tú, la incierta, la más cierta belleza
a la que elevo mi humilde verdad:
ésta es mi vida y no la entiendo.

LAS OSCURAS GOLONDRINAS

¿No se vende un par de pájaros por muy poco dinero? Y, sin embargo,
ni uno de ellos cae en tierra sin que lo permita vuestro Padre.

SAN MATEO

Vuelven las oscuras golondrinas en vuelo rasante a brillar
sobre los prados salpicados de verónicas azules.
No seguiré el ejemplo de Duns Scoto, dicen que contaba ángeles,
no contaré golondrinas, no contaré verónicas azules.
¿Alguien contará verónicas azules?
¿Alguien tendrá las golondrinas contadas?
Alguien que les diga nuestros nombres a las oscuras,
reincidentes golondrinas.

NO ME CONFUNDAS CON OTRA

Voluta de humo que el viento dispersa,
entre animal y ángel, en desesperada calma,
mi corazón no se acostumbra
a desear y a renunciar, y clama:
¡Y sobre todo, no me confundas con otro!
En el cielo de la noche aún es temprano
y la música del mundo se enhebra a su callado vuelo,
con mis ojos, herencia cautiva, la miran cuantos la miraron,
bajo mis párpados la ausencia une todas las distancias,
y, como yo, parece que inútilmente sobre la tierra todo espere.
Espera la parte de mí que vuelve a casa,
la que respira entre su pelo,
la que vuelve, erizada la nostalgia, a soñar
otro espejismo inalcanzable, la que clama:
¡Y sobre todo, no me confundas con otra!

NUESTRA CITA

Date prisa o llegaremos otra vez tarde a nuestra cita.
Ni átomos ni galaxias conocen soledad
como la de quien espera en la noche
desangelada y terrenal de un exilio inexplicable.
Date prisa o deja otra vez que se escape la ocasión,
pero recuerda, así que pasen miles de años
y el universo nos tuviera para siempre adormecidas,
que entendiste el verso de Petrarca, aquel que dice:
Los ojos de tu luz resplandeciente.

ALDEA NUBIA

I

Desde el *Solaris II*, despacio,
contemplo las pequeñas casas, las palmeras…
Un hombre camina a mediodía
por un reseco sendero
envuelto en una orla de polvo amarillo.
Una faluca, trapito blanco
sobre dos tablas rojas y blancas,
permanece quieta a la espera
de que la mueva otra vez el viento.
La niña que fui «ponía Belenes»,
con ovejas de barro y casas de corcho
iguales a éstas que bordean
las orillas del rio de Moisés,
con la misma ilusión con la que Dios
hubiera podido crear un mundo perfecto.

II

En la aldea, al caer la tarde,
los niños nos invitan a jugar con sus guijarros.
Alguien gana. Nadie pierde. Estalla un escándalo de risas
y acabamos todos chapoteando entre las aguas,

sucios de arena y de sol, recién nacidos y ancestrales.
—Escena nilótica de principios del siglo XXI
con niños nubios y turistas—.
Me preguntan de dónde soy y yo les hablo
de los hayedos y de la nieve…
Estoy segura de que mentiría
si les dijera que el agua de la nieve
no es otra cosa
que agua.
La niña que fui se asombraría
de que el agua del Nilo
no fuera otra cosa
que agua.

III

Al ver este cielo infinito cuajado de estrellas
y la cinta del río pasando apacible,
la niña que fui se hubiera quedado atónita.
Quizá ella vele esta noche,
como fiel guardiana de la emoción,
cuando yo duerma.

DISTANCIA

A la exacta distancia,
sobre el mismo mar,
bajo el mismo cielo,
se confunde
una nube con un barco,
un barco con un pañuelo,
un pañuelo con una lágrima.

TODAS LAS BALAS PERDIDAS

Volvemos a bajar de la montaña,
de los serbales, del canto de los gallos,
bajamos por la orilla del río,
desembocamos en el blanco de la memoria,
que huele como el otoño a seco terciopelo,
y todas las balas perdidas nos alcanzan.

LA LLAMA

Nadie busca ceniza en el recuerdo
aunque sepa que al buscar ha de encontrarla.
Nadie espera encontrar fuego en el recuerdo
aunque sepa que al recordar ha de quemarse.
El verano se convierte en mosto rojo,
el amor en libre soledad y la hierba
crece pacífica en los campos
antes y después de todos los incendios.
Nadie busca nada más en el recuerdo
que la pequeña luz de la llama herida por el tiempo.

EL CIELO NUNCA PUEDE ESPERAR

Más allá de tus labios
el sol y las estrellas
CÉSAR PORTILLO

El calor de agosto se apagó en la arena
y se fueron quedando solitarias y como poseídas
de una soberbia y bellísima eternidad las playas.
A punto de morir en una brasa está la tarde
y una extraña prisa acelera mi corazón,
que no recuerda que perdió todas las prisas.
Nunca pudo esperar el cielo.
Las gárgolas ennegrecidas vigilan
desde lo alto de las catedrales
el lento sucederse de los siglos.
Ángeles diabólicos infiltran su inquietud
en nuestro discordante equilibrio.
Nunca puede esperar el cielo
y la miel del atardecer se derrama
al fondo de la calle, de la ciudad, del tiempo.

LUZ DE SEPTIEMBRE

Luego vi un cielo nuevo y una tierra nueva.
APOCALIPSIS, 21

Esta luz que dibuja
la silueta precisa de cada objeto
y lo despoja de su ropaje ambiguo,
de su difusa oscuridad,
esta luz, perfecta como un cristal,
desnuda el mundo hasta dejarlo
en su exacta transparencia.
Es esta luz irrevocable, y la he visto,
y volveré a temblar cuando se vaya,
pero sabré que todo puede ser perfecto.

IV

Sueño mío, sueño mío
ve a buscar a quien vive lejos.
Délcio Carvalho, Dona Ivone Lara

EL ÚNICO MANDAMIENTO QUE APRENDÍ

No recuerdo haber pensado.
Fue mi cuerpo jarabe dulce
que ardió en mi sexo.
No recuerdo haber pensado.
Sólo recuerdo el amor.
De nada sirve pensar.
Moriré sin haber muerto
de amor entre tus brazos,
no mirarán mis sedientos ojos
junto a ti el mar.
Pero cae,
como la lluvia sobre la lluvia,
como la nada sobre la nada,
el amor sobre el amor.

¿LEJOS, CERCA?

A la exacta distancia
que sostiene en vida
el amor a ti debido,
el que convierte en dulzura
la larga herida de ser yo.

PARA HABLAR CONTIGO

Sangre divina sin dios.

Guijarro gastado de las mareas.

Diapasón terco de los imposibles regresos.

Nadie a quien decir que otro verano

se secó sin ti la hierba sobre los campos segados.

Nadie a quien suplicar una hora y un lugar.

Escuchadme; no necesito a Dios para hablar sola,

no sé ya cuándo aprendí ese lenguaje,

ese zumbido permanente, acúfeno del ser.

Escuchadme; sólo cuando hablo con ella, hablo con Dios.

Sólo necesito a Dios, amor, para hablar contigo.

ESPORAS

Miles de años hace que los árboles inventaron el otoño.
Hojas caídas. Nidos olvidados.
Esporas ligeras siembran primaveras y salvan las distancias.
Hermano Sol. Hermana Luna.
Con el amor aprendió Francisco de Asís a salvarlas.

Al amanecer, después de la lluvia,
se abrió una campanilla azul en mi ventana.
El reverendo Jhon Burns,
que mantiene viva su fe en el misterio
con la misma devoción con la que yo cuido aquí
mi fe en la transparencia,
bendice otra igual a ésta, allá, en su jardín de St. Albans.

Pienso en ti.
Tú eres la estrella de la mañana inalcanzable.
(Venus se aparece nítida, brillante, impávida
ante mis ojos maravillados,
pero mi corazón no la desea.)
Con la natural inocencia de lo inexplicable,
yo cuido, por ti, mi fe en la transparencia, eres
la más bella campanilla azul que pasó por mi mirada.
Pienso en ti.

A tu pecho también llamó, perdido,
ese aire de eterna despedida que exhalan los otoños.
Tú también habrás visto Venus en la gloria de la mañana.
A ti también te habrá pasado una campanilla azul por la mirada.

¿Qué hay entre Francisco de Asís,
el reverendo John Burns, tú y yo?
Miles de millones de esporas al viento y el extraño amor.

V

Preguntad, ¡oh, amigos!
al gran río que corre hacia el este;
¿qué acabará primero,
su curso o mi añoranza?

LI PO

POÉTICAS

I

Línea melódica pura,
cuando sin saberlo
mi corazón te recuerda.

II

Ganar y perder una vez más
lo que nunca tuve.

III

Una nube inocente
en la que siempre está a punto
de estallar una tormenta.

IV

De Port-Said sólo recuerdo los barcos
y un viento tejido de arena
que venía del cercano desierto
y de mi infancia lejana.

V

Más alta cada verano
la arboleda se va al cielo,

más alta y más lejana,
cada vez más cerca,
¿de qué? ¿De quién?

VI
Volver a la vida por un verso.

VII
Mi padre, ya viejo,
un día perdió los zapatos
sin darse cuenta,
y volvió a casa descalzo,
rezando,
caminando sobre la nieve.

VIII
¿Dónde guardo los silencios?
En un poema, en la caja de los ecos.

IX
Bajo el sol de la hora de la siesta,
el camino que lleva a casa,
cuando los álamos bostezan
y las aguas del río ni se notan
si es que pasan.

X
Nuestra vieja casa junto al río
pasa la noche en un cuenco de niebla.

XI
Un libro en un estante
a punto de despertar al tiempo.

XII
Nefernefernefer.
Por tu piel, por tu mentira
soy la desconocida que pasea en bicicleta
por las orillas del Lago de Garda
y que no piensa volver.

XIII
El lodo, una brizna y un caracol.
Las vacas vuelven del prado al anochecer.

XIV
Una muchacha
corre alegre
por una calle de París,
se dirige a alguien
que no soy yo
y llega a mí.

XVI
Amor mío,
miro el reloj, en un minuto
estaré contigo.
Soy impaciente
porque no he de estar
dentro de un siglo.

GALERÍA DE ESPEJOS.
(AUTORRETRATOS)

Llevo en el pecho, a buen recaudo,
la llama encomendada.

(San Tarsicio)

Construyo una cabaña en mi isla,
cuido la esperanza,
miro al mar por si vinieran.

(Robinson Crusoe)

En mí, nadie repara,
y yo espero con mi caña de pescar
sin pescar nada.

(Monsieur Hulot)

En los días ocultos, sin amor,
mil notas oye solo mi corazón.

(William Wordsworth)

La caricia perdida.
Como el cielo tus ojos.

(Alfonsina Storni)

¿A dónde huir? Tú llenas el mundo.
(Marguerite Yourcenar)

¡Uno de esos hilos de oro!
(Marceline Desbordes-Valmore)

Los ojos infinitos que la noche abrió en nosotros.
(Novalis)

NOTA DE LA AUTORA

El poema «Aldea nubia» fue publicado en *Ánafora* en 2024.

Los poemas «Esporas» y «Sweet», en *Suroeste* en 2024.

Los poemas «El columpio» y «La eterna juventud», en *Voces juntas (Círculo cultural Valdediós)* en 2019.

El poema «Algo que no sé», en *Itaca* en 2020.

El poema «Vivos para siempre», en *Tiempo mío sin mí (Homenaje a José Hierro)* en 2022.

El poema «Albizia julibrissin», en *Anáfora* en 2014.

Los textos que aparecen en cursiva como intertextualidades sin alusión explícita al autor pertenecen a Francisco Umbral, Ray Bradbury, José Hierro, Mari Trini, Nietzsche, Marguerite Yourcenar, Tennessee Williams y Rimbaud.

ÍNDICE